@ivrydbook

Copyright © 2019 Sylva Nnaekpe.

সকল অধিকার সংরক্ষিত । এই বইয়ের কোন অংশ কোন মানে দ্বারা পুনরায় প্রকাশ করা যাবে না, মাধ্যম,
গ্রাফিক, ইলেকট্রনিক বা মেকানিক্যাল, সহ, রেকর্ডিং, টেপ সহ
অথবা লিখিত অনুমতি ছাড়া কোন তথ্য সংগ্রহস্থল পুনরুদ্ধার ব্যবস্থা
লেখক-এর মধ্যে সংক্ষিপ্ত উদ্ধৃতি ছাড়া, সমালোচনামূলক নিবন্ধে উল
এবং পর্যালোচনা ।

বইয়ের মাধ্যমে বই অর্ডার করা যেতে পারে বা
যোগাযোগ করেSilsnorra Publishing at:
silsnorra@gmail.com

ইন্টারনেটের গতিশীল প্রকৃতির কারণে, কোন ওয়েব ঠিকানা বা
এই বইয়ে থাকা লিঙ্কগুলি প্রকাশ করার পর থেকে পরিবর্তিত হতে পারে
এবং আর বৈধ হতে পারে না । এই কাজে যে মতামত প্রকাশ করা হয়েছে তা হল
শুধু লেখক যারা এবং প্রকাশকের দৃষ্টিভঙ্গি প্রতিফলিত করে না,
এবং প্রকাশক এতদ্বারা তাদের জন্য কোন দায়িত্ব আছে ।

Isbn: 978-1-951792-18-3 (নরম কভার)
Isbn: 978-1-951792-17-6 (হার্ড কভার)
Isbn 978-1-951792-36-7 (ইলেকট্রনিক বই)

শেষে পৃষ্ঠায় মুদ্রণ তথ্য পাওয়া যাচ্ছে ।

Silsnorra Publishing পর্যালোচনার তারিখ**: 10/18/2019**

সুন্‌দর ছোট্‌ট তারকা

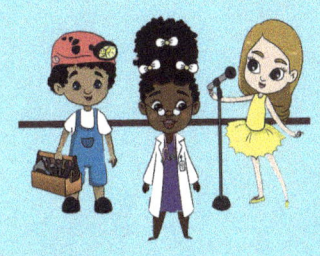

এর লখো

Sylva Nnaekpe

আমার জন্ম সুখ,

আনন্দ, এবং হাসির

মধ্যে। এটা দেখতে

সবচেয়ে সুন্দর

দৃশ্য ছিল।

আমার কাছে সবচেয়ে

সুন্দর বৈশিষ্ট্য আছে:

চুল, চোখ, নাক, কান,

দাঁত, এবং মুখ-শুধু

অন্যান্য মানুষের মত ।

আমার হৃদয় মমতায

ভরা, ভালোবাসা,

এবং যত্ন । আমার

একটি মন আছে

আমি আমার নিজেরে

কল করতে পারি ।

আমার হৃদয় মমতায় ভরা, ভালোবাসা, এবং যত্ন। আমার একটি মন আছে আমি আমার নজিরে কল করতে পারি।

আমার শরিায় রক্ত বইছে,

আর আমি আরো

বেশি করে উন্নতি এবং

উন্নয়নের একই

প্রক্রিয়া দিয়ে যাই ।

আমি হামাগুড়ি দিতে শিখি,

কথা বলি, বসো, দাঁড়াও,

হাঁটা, এবং দৌড়াও,

শুধু আমার দেখো বাচ্চাদের মত ।

আমি জীবন-বাতাস, জল, খাবার, পানীয়, সূর্যালোক, নক্ষত্র, স্যান্ডস, এবং ঋতু-এর উপহার উপভোগ করি।

আমার অনেক শক্তি আছে

। আমি ঋতু স্যুট করার জন্য

পোশাক পরিহিতি,

এবং আমি একটি শান্ত বাচ্চা ।

আমি মানুষের পাশে

আছি যারা যত্ন করে এবং

আমাকে দেখতে চায় ।

আমি যা চাই তাই হতে চাই এবং বেছে নিতে চাই, যারা আমাকে ভালবাসে তাদেরে সাহায্য এবং সমর্থন দিয়ে, আমার প্রতি যত্নশীল, এবং আমার চারপাশে আছে।

আমি ভালোবাসি, এবং

আমি পরোয়া করি। কিছু কিছু

জিনিস আমাদের ছুঁড়ে ফেলার

চেষ্টা করতে পারে,

কিন্তু আমি নিশ্চিত যে একসাথে

আমরা পৃথিবীকে এখন

থেকে ভালো করতে পারি।

আমার নাম ivry ।

আমি সুন্দর,

এবং

তাহলে তুমি।

www.ingramcontent.com/pod-product-compliance
Lightning Source LLC
Chambersburg PA
CBHW051404110526
44592CB00023B/2949
* 9 7 8 1 9 5 1 7 9 2 1 8 3 *